Rudolf Steiner

Wirken mit den Engeln

Rudolf Steiner wurde am 27. Februar 1861 in Kraljevec auf der Murinsel in Kroatien, nahe der Grenze zu Ungarn, als Sohn eines Stationsvorstehers bei der österreichischen Südbahn geboren und starb am 30. März 1925 in Dornach in der Schweiz. Das Leben und Werk des Erbauers des avantgardistischen, in Beton gegossenen zweiten Goetheanum ist mit seinen rastlosen Reisen und über 6000 gehaltenen Vorträgen quer durch Europa ein einzigartiges Phänomen des 20. Jahrhunderts.

Er studierte Natur- und Ingenieurwissenschaften in Wien, promovierte in Philosophie an der Universität Rostock, gab die naturwissenschaftlichen Schriften Goethes in Weimar heraus, begründete die Anthroposophie in Berlin, die Waldorfpädagogik in Stuttgart, die biologisch-dynamische Landwirtschaft in Koberwitz bei Breslau, die anthroposophisch erweiterte Medizin und die Heilpädagogik. In München brachte er seine vier *Mysteriendramen* zur Uraufführung. Er inspirierte eine geistig geprägte organische Architektur, eine neue Bewegungskunst, die Eurythmie, und eine erneuerte Kunst des Wortes.

Seine philosophisch-anthroposophischen Hauptwerke sind: *Die Philosophie der Freiheit; Theosophie – Einführung in übersinnliche Welterkenntnis und Menschenbestimmung; Wie erlangt man Erkenntnisse der höheren Welten?* und *Die Geheimwissenschaft im Umriss.*

Sein Hauptantrieb war es, aus einer neuen Erkenntnis des Geistigen im Menschen wie im Kosmos die Freiheit und Initiativkraft aller Menschen zu fördern.

Rudolf Steiner
Wirken mit den Engeln

*Herausgegeben von Jean-Claude Lin
mit einer Einleitung von Olaf Koob*

Verlag Freies Geistesleben

Rudolf Steiner Impulse
Werde ein Mensch mit Initiative
Grundlagen **Ressourcen** Perspektiven

8. Wirken mit den Engeln

Der von Rudolf Steiner am 6. April 1923 in Bern vor Mitgliedern der Anthroposophischen Gesellschaft gehaltene Vortrag ist dem Band *Die menschliche Seele in ihrem zusammenhang mit göttlich-geistigen Individualitäten*, Gesamtausgabe Bibl.-Nr. 224, 3. Auflage Dornach 1992, entnommen. Der Abdruck erfolgt mit freundlicher Genehmigung des Rudolf Steiner Verlags, Dornach/Schweiz.

1. Auflage 2010

Verlag Freies Geistesleben
Landhausstraße 82, 70190 Stuttgart
Internet: www.geistesleben.com

ISBN 978-3-7725-2708-1
© 2010 Verlag Freies Geistesleben
& Urachhaus GmbH, Stuttgart
Grafische Gesamtkonzeption: Maria A. Kafitz
Satz und Herstellung: Patricia Hagel
Druck: Bercker, Kevelaer
Printed in Germany

Inhalt

Wirken mit den Engeln 7
Eine Einleitung von Olaf Koob

Wirken mit den Engeln 15
Ein Vortrag von Rudolf Steiner
Bern, 6. April 1923

Anmerkungen 62

«Wir sind frei im Gedanken. Aber die Kraft, die Freiheit im Leben anzuwenden, bekommen wir nur, wenn wir in den Schlaf hinaustragen den richtigen Zusammenhang mit den Urkräften, mit den Archai.»

Rudolf Steiner, Bern, 6. April 1923

Wirken mit den Engeln

Eine Einleitung von Olaf Koob

«Idealismus ist die Seele der Philosophie; Realismus ist ihr Leib; nur beide zusammen machen ein lebendiges Ganzes aus.»[1]   F. W. J. Schelling

Der Vortrag vom 6. April 1923 in Bern ist, was die wesentlichsten Grundfragen der menschlichen Existenz wie das Verhältnis von Wachen und Schlafen, Bewegung d. h. Handeln, Sprechen, Denken und Schicksalsgestaltung bis in die Gesundheits- und Krankheitsverhältnisse hinein anbelangt, eine Art Mikrokosmos. Auch er handelt von dem Verhältnis von Idealismus und Realismus, Leib und Seele, Erde und Kosmos, Tag und Nacht. Auch der mit der anthroposophischen Geisteswissenschaft schon längst Vertraute wird Neues erfahren und Altes in einem neuen Licht sehen lernen. Versteht man die inneren Zusammenhänge von Wachen und Schlafen, moralischem Verhalten und Schicksalsbildung und versucht sie im Alltag an sich selbst zu beobachten und praktisch für sich und seine Mitmenschen anzuwenden, wird man sein Seelenleben unendlich bereichern können und allmählich auch begreifen, dass wir nicht nur Geschöpfe, sondern auch Schöpfer von uns selbst und unseres Schicksals sind bzw. werden können. Geistesgegenwärtigkeit als eine Form seelischen Erwachens tritt ein, eine Art Erwachen für mancherlei Welträtsel, und ein immer sicherer werdendes Gefühl bemächtigt sich der Seele, dass wir in einem Strom nicht nur vergangenen Schicksals, sondern in einem von «fortwährend entstehendem Karma» leben. Ein Pfeil, den wir mit einem Bogen gezielt abschießen, verändert ja nicht nur die Welt, sondern durch die Tätigkeit des Spannens auch den Bogen selbst. Also – alles, was wir tun und wie wir handeln, verändert nicht nur das äußere Weltgeschehen, sondern fällt auch wieder irgendwann auf uns zurück. Dadurch sind wir nicht nur «Opfer» unserer vergangenen Taten, sondern können in jedem Augenblick durch unser Tun, eben als «Täter» in freier Entscheidung, unsere Zukunft vorbereiten. Das ist eine der zentralen Aussagen Rudolf Steiners über den Schicksalsbegriff. Schicksalsereignisse weisen nicht nur als Schuld oder Verdienst in die Vergangenheit, sondern können in der irdischen Raumeswelt rein «zufällig» entstehen, die aber durch das Verständnis und den richtigen Umgang mit ihnen als eine Art Herausforderung für Zukünftiges dienen können. Denn nichts im Leben bleibt ohne Ausgleich! Wie eine Meditationsformel klingt das in dem vorliegenden Vortrag an: «Ausgleich ist.»

Beginnen wir mit einem der zentralsten Sätze aus dem Vortrag: «Der Schlaf ist da, um mit der geistigen Welt unter den Nachwirkungen des physischen Lebens in den richtigen Zusammenhang zu kommen.»

Auch die moderne Schlafforschung kann mit ihren Methoden nicht in den eigentlich seelisch-geistigen Bereich des Schlafenden eindringen, sondern muss sich von dem Geistesforscher sagen lassen, was in der Nacht wirklich mit unserer Geistseele passiert. Denn unser Ich und unsere Seele, die nachts körperlos sind und noch nicht die Organe haben, um die Erlebnisse in der Nachtwelt bewusst wahrzunehmen, braucht den hellsehenden Geistesforscher, der bewusst schlafen und so das geistige Leben studieren kann. Auch wenn ein Blinder die ihn umgebende Welt nicht wahrnimmt, so existiert sie doch! Das betrifft auch die Ereignisse und Wesenheiten in der Nacht.

Der Schlaf ist nicht nur zum Ausruhen da, sondern dient vornehmlich als Brücke für den Menschen zur göttlich-geistigen Welt mit ihren verschiedenen Wesenheiten (Hierarchien) und als der Bereich, in dem unser Tagesleben und unsere drei menschlichsten Tätigkeiten – Denken, Sprechen und Tun – begutachtet und somit in die Bilanz unseres künftigen Schicksals einverwoben werden. Wir begegnen somit in der Nacht unserem höheren Wesen, unserem Genius und sind so karmabildend.

Bleibt das Sprechen, mit dem wir intimstes Seelisches auszudrücken in der Lage sind, nur Ausdruck plattester und banalster materieller Ereignisse oder zerfällt in bedeutungslose Signale, so ist es nicht mehr in der Lage, in der Nacht in Beziehung zu den Wesen zu treten, die in weisheitsvoller Art auch die Führer der Volkssprachen sind: den Erzengeln. Wir kommen somit kraftlos aus der Nacht, und auch im Nachtodlichen werden wir den Anschluss an geistige Kräfte vermissen müssen. Was wir also brauchen, um unserer Sprache wieder den richtigen Impuls zu vermitteln für den Anschluss an das nächtliche Dasein, ist das, was Steiner als «Idealismus» bezeichnet, der erst dem Leben die Ziele gibt, die über das Physische hinauswachsen. Denn Ideale sind Ideen mit Willenscharakter und beinhalten etwas Geistiges, was nur der Mensch im Gegensatz zu den Tieren seinen Worten mitzugeben vermag. Man beachte an dieser Stelle das wunderbare Wort in der deutschen Sprache «Über-Zeugung». Es ist das Ideelle in den Worten, was sich durch die Sprache wie eine höhere Schöpfung auf der Erde auswirkt!

Gehen wir weiter zu dem, was wir unsere intentionalen Bewegungen, unsere zielgerichteten Taten nennen. Hier wirkt nicht nur die Seele in Sympathie oder Antipathie, sondern hier müssen wir aus unserem Ich heraus, aus dem Willen, durch moralische Ideale etwas hineintragen, um den richtigen Anschluss an die geistigen Wesen in der Nacht zu bekommen, welche die moralischen Gesetze in der

Welt verwalten und die für die schicksalsbildenden Kräfte bis in unsere Leiblichkeit in Gesundheit und Krankheit verantwortlich sind: die Urkräfte (*Archai*), die in den folgenden Erdenleben das rein Seelische unserer Taten wiederum in Leibliches und das Geistige in rein Seelisches zu verwandeln, in der Lage sind. Eine wichtige Erkenntnis bis in die praktische Pädagogik und Medizin hinein wird uns vermittelt: das, was wir auf der Erde als Menschenverständnis, Mensoheninteresse und Menschenliebe gebildet haben, also das, was als ideell Geistiges in unsere Erdentaten eingeflossen ist, wird nun im neuen Erdendasein so in den Leib eingeprägt, dass er in freier Weise unbehelligt von Hindernissen leiblich-seelischer Art im Tun und Handeln zur Verfügung stehen kann, also von der Individualität beherrscht wird. Ist das nicht im gehörigen Maße passiert, so steht dem Individuellen der Leib und die Seele nicht richtig zur freien Verfügung. In jedem Aufrichten und Gehenlernen des Kindes offenbart sich also das Schicksal des vergangenen Erdenlebens als leiblich sichtbares Resultat vergangener vollzogener oder nicht geleisteter Menschenliebe und Menscheninteresse. Das freie Beherrschen des Leibes bis in die Drüsentätigkeit, ja bis in die Temperamentsstruktur hinein ist somit praktischer Anschauungsunterricht vergangenen Karmas.

In unseren Gedanken können wir uns auf der Erde selbst befreien, aber im Gemüt und Willen, im rhythmischen und Stoffwechsel-Gliedmaßenanteil sitzt unser altes Karma, das dem freien Willen in den Gedanken durch Krankheiten und organische Schwächen Widerstand entgegensetzt. Durch die richtige Beziehung zu den Erzengeln und den Archai in einem Erdenleben, die in unserer idealistisch geprägten Sprache und unseren menschenwürdigen Taten nachwirken, bilden wir immer weniger Hindernisse bzw. Krankheiten aus. Die Freiheit im Denken können wir also nur aus der irdischen Sphäre bilden, die Freiheit aber, unsere Seele und unseren Leib, unser Gemüt und unseren Willen richtig frei d. h. ungehindert zu gebrauchen, kommt nur aus der geistigen Welt als ein Resultat unsere vergangenen Erdentaten.

Unser momentaner durch Krankheit und Behinderung unfreier Leib kann uns also auffordern, uns mit unserem Schicksal zu versöhnen und organische und seelische Widerstände als Herausforderung zu sehen, um somit alte Schwächen zu überwinden und nicht nur immer die Vergangenheit zu beklagen. Ganz wie es Rudolf Steiner 1910 in seinem Notizbuch einmal formuliert hat, als er sich über Glück und Unglück äußerte:

> Es ruhen in der Zukunft Schoß
> Für meine Seele
> Die guten und die schlimmen Lose.
>
> Was mir Gutes täglich erfließt,
> Will ich bemerken;
> An ihm zeigt sich mir,
> Was Götter aus mir gemacht.
>
> Was mir Schlimmes zuweilen erfließt,
> Will ich ertragen;
> An ihm zeigt sich mir,
> Was ich selber aus mir machen kann.[2]

Wirken mit den Engeln

Ein Vortrag von Rudolf Steiner
Bern, 6. April 1923

Lassen Sie uns heute etwas betrachten, das vielleicht in gewissem Sinne wiederum eine Ergänzung zu dem gestrigen öffentlichen Vortrage bilden kann,[3] Näher ins Auge fassen möchte ich heute die Art, wie sich der Mensch hineinstellt in jenen Teil der Weltenordnung, der zusammenhängt mit seinem eigenen Schicksal, mit demjenigen, was wir in unserem Kreise gewohnt worden sind, das Karma zu nennen. Wie findet eigentlich diese Schicksalsgestaltung beim Menschen statt? Da müssen wir, um diese Frage lebensfähig, nicht theoriefähig zu beantworten, etwas näher eingehen auf die Wesenheit des Menschen.

Man spricht von dem menschlichen Leben oftmals so, dass man sagt: Das Menschenleben zerfällt in diese beiden voneinander unterschiedenen Bewusstseinszustände, in das Wachen und in das Schlafen. Aber man fasst dabei das Schlafen

Leib kein Bewusstsein entwickeln können von all den komplizierten Verhältnissen, die mit ihnen vorgehen im Schlafe, das rührt nur davon her, dass im Erdenstadium, so wie es heute ist, dieses Ich und dieser astralische Leib keine Organe haben, um die Ereignisse, in die sie verstrickt sind, wahrzunehmen. Aber diese Ereignisse sind da. Und diese Ereignisse werden vom Einschlafen bis zum Aufwachen durchgemacht, und sie wirken herein in das Tagesleben, in das bewusste Leben des Menschen.

Wir werden uns am besten richtige Vorstellungen verschaffen über die Art und Weise, wie hereinwirken die Erlebnisse von Ich und astralischem Leib in das tagwachende Leben, wenn wir auf den Anfang des Menschenlebens sehen. Wir haben das bei anderen Betrachtungen schon öfter getan. Da schläft sich gewissermaßen in der allerersten Lebenszeit der Mensch als ganz kleines Kind in das Erdenleben herein. Man darf da nicht nur von derjenigen Zeit sprechen, in der das Kind vollständig schläft, sodass es auch äußerlich sichtbar ist, dass es schläft, sondern man muss eigentlich von der ganzen Zeit sprechen, an die man sich mit dem gewöhnlichen Bewusstsein gar nicht zurückerinnern kann. Das Kind mag allerdings auch für diese Zeit für die äußerliche Beobachtung einen wachen Eindruck machen, aber dasjenige, was im Bewusstsein vor sich geht, bildet sich ja nicht so aus, dass es später erinnert wird. Und alles dasjenige, was von dem Kinde erlebt wird, ohne dass es sich später daran erinnert, all das können wir so bezeichnen, dass wir sagen: Wir verweisen dabei auf die Zeit, in welcher sich der Mensch in das Erdenleben hereinschläft.

Aber was entwickelt sich alles gerade aus diesem Schlafenszustande im Beginne des menschlichen Erdenlebens? Drei Dinge müssen wir ganz besonders ins Auge fassen, wenn wir verstehen wollen, wie das wirkt, was da der Mensch heruntergetragen hat aus seinem vorirdischen Dasein, was er in einer ihm selbst dunklen, schlafdunklen Art nun hineinverwebt in sein physisches Dasein; drei Dinge sind es, die der Mensch in einer anderen Weise als die Tiere sich aneignen muss. Die Tiere eignen sich das entweder gar nicht an oder sie bringen es schon mehr oder weniger mit auf die Welt.

Diese drei Dinge sind dasjenige, was wir gewöhnlich im Leben so bezeichnen, dass es sehr einseitig aufgefasst wird. Nur ein kleiner Teil von dem Ganzen wird eigentlich aufgefasst. Das Erste ist das Gehenlernen. Der Mensch kommt als ein Wesen in die irdische Welt, das nicht gehen kann, das sich erst das Gehen aneignen muss. Das Zweite, was sich der Mensch aneignen muss, ist das Sprechen, und das Dritte ist das Denken. Wir können beim Kinde genau unterscheiden, wie manchmal das eine vor dem anderen kommt, aber wenn man die Menschheit im Allgemeinen nimmt, so kann man im Ganzen sagen: Der Mensch lernt gehen, sprechen, denken – jedenfalls das Denken erst nach dem Sprechen. Erst aus dem Sprechen heraus entsteht allmählich die Fähigkeit, dasjenige, was in Worte gefasst wird, auch in Gedanken festzuhalten. Und es dauert eigentlich ziemlich lange, bis man wirklich sagen kann: Das Kind denkt.

Aber gerade das Gehen wird als etwas sehr Einseitiges aufgefasst. Das Gehen besteht ja nicht bloß darin, dass das Kind sich aufrichten lernt und sozusagen seine Beine in pendelnde Bewegung setzen kann, sondern es besteht darin, dass das Kind überhaupt sich aneignet, das Gleichgewicht, das menschliche Gleichgewicht in der Welt durchaus zu beherrschen, ich möchte sagen: dass man sich überall hinstellen kann, ohne dass man umfällt; dass man also seinen Leib hineinstellen kann in die Welt, seine Muskeln, seine Gliedmaßen so beherrschen lernt, dass der Schwerpunkt des Leibes, ob wir stehen oder ob wir gehen, an die richtige Stelle fällt. Aber das ist noch immer einseitig aufgefasst, denn Sie müssen bedenken, dass etwas außerordentlich Wichtiges sich dabei noch vollzieht: das ist die Differenzierung der Beine und der Arme.

Die Tiere gebrauchen ihre vier Gliedmaßen in gleichförmiger Weise – in der Regel wenigstens, wenn Abweichungen da sind, lässt sich das sehr gut erklären –, der Mensch differenziert. Er braucht zum Ins-Gleichgewicht-stellen, er braucht zum Gehen seine Beine, während die Arme und die Hände gerade wunderbare Ausdrucksmittel für sein Seelisches und die Träger seiner Weltenarbeit werden. Gerade auch in dieser Differenzierung zwischen Füßen und Händen, Armen und Beinen liegt dasjenige, was hinzugehört zu dem, was man gewöhnlich mit dem Gehenlernen nur einseitig bezeichnet. Damit ist man dann zu dem gekommen, was uns innerhalb der physischen Welt dasjenige bezeugt, was sich der Mensch erst während des physischen Erdenlebens aneignet.

Das Zweite, was er sich aneignet, indem er – wie beim Gehen und Stehen, beim Gleichgewichtsuchen, beim Differenzieren der Hände von den Füßen – probiert, nachahmend probiert, das Zweite, was er sich dadurch aneignet, ist das Sprechen. Und wir können sagen: Das Sprechen ist nicht ganz ohne Zusammenhang mit dem Gehen, namentlich nicht mit dem Gebrauche der differenzierten Hand. Denn man weiß ja, wie das Sprechen mit einer ganz bestimmten Ausbildung eines Gehirnorgans, der linken Schläfenwindung, zusammenhängt. Aber das ist nur bei denjenigen Menschen der Fall, welche vorzugsweise die wichtigsten Angelegenheiten des Lebens mit der rechten Hand erledigen. Linkshänder haben auf der anderen Seite, der rechten Seite, ihr Sprachorgan gelegen. Daraus können wir schon sehen, wie mit dem Suchen nach Gleichgewicht dasjenige zusammenhängt, was sich im Sprechen ausdrückt.

Und aus dem Sprechen heraus entwickelt sich dann das Denken. Nur auf künstliche Weise kann derjenige, der stumm geboren ist, zum Denken gebracht werden. Aber für all diejenigen Menschen, die nicht stumm geboren werden, ist das Denken etwas, was sich aus dem Sprechen erst herausentwickelt.

Nun aber kann man diese Eigentümlichkeit des Menschen, die ich eben jetzt zusammengefasst habe, eigentlich erst ganz übersehen, wenn man den Übergang des Menschen im späteren Leben aus dem Wachen in den Schlafzustand verfolgt. Da ist es ja so, dass physischer Leib und ätherischer Leib auf physische Weise im Bette ruhend sind, dass das Ich und der astralische Leib sich im Wesentlichen getrennt haben von dem physischen und dem ätherischen Leib. Wenn wir aber nun mit den Mitteln der Geisteswissenschaft an diesen astralischen Leib des Menschen herantreten, wie er vom physischen und Ätherleib vom Einschlafen eigentlich nur in dem Sinne auf, dass man sich die Vorstellung bildet: Im Schlafe ruht sich der Mensch eben aus. – Die naturwissenschaftliche Anschauung nimmt ja überhaupt an, dass die Bewusstseinstätigkeit aufhört mit dem Einschlafen, dann wiederum beginnt, dass also auch in Bezug auf den Organismus das Schlafen nichts weiter sei als ein Aussetzen der menschlichen Tätigkeit zur Ruhe. Aber der Schlaf ist nicht ein bloßes Ruhen, sondern man muss sich klar darüber sein, dass vom Einschlafen bis zum Aufwachen zunächst das, was wir den astralischen Leib nennen, und dann das Ich als wirklich Wesenhaftes außer dem physischen und ätherischen Leibe sind.

Nun kann der Mensch zwar auf der Entwickelungsstufe, auf der er gegenwärtig im Erdenleben steht, kein unmittelbares Bewusstsein davon erringen, was eigentlich dieses Ich und was der astralische Leib zwischen dem Einschlafen und Aufwachen tun. Aber dasjenige, was die beiden da tun, das ist für das menschliche Leben zum mindesten von einer ebenso großen Bedeutung wie das tagwachende Leben. Dass das Ich und der astralische bis zum Aufwachen getrennt ist, dann finden wir, dass dieser astralische Leib wesentlich in sich die Kräfte enthält, die zusammenhängen mit dem Sprechenlernen des Menschen. Es ist außerordentlich interessant, das Einschlafen und Aufwachen des Menschen zu beobachten, wenn er als Kind sprechen lernt, und es ist sogar noch interessant bei irgendjemandem, der erst als Erwachsener sprechen lernt, zu beobachten, wie der astralische Leib gerade an dem Sprechenlernen außerordentlich stark beteiligt ist. Denn der astralische Leib trägt in der Zeit, in der der Mensch im Sprechenlernen darinnen ist, und auch später, wenn er sich im Tageslaufe des Sprechens bedient, mit sich das Geistig-Seelische, das in den Worten, das in der Sprache liegt, hinaus aus dem physischen und Ätherleibe.

Können Sie verfolgen, wie der Mensch spricht, wie er seine Worte formt, wie er seinen Worten den eigentümlichen Stimmklang gibt, können Sie verfolgen, wie er in seine Worte die Kraft der Überzeugung seiner Seele hineinlegt, wie er das Seelische, das er erlebt, in seine Worte hineinverlegt, dann können Sie auch weiter verfolgen, wie mit dem Einschlafen der astralische Leib dieses Geistig-Seelische aus dem physischen Leib und dem Ätherleib herausnimmt und im schlafenden Zustande gerade die Nachwirkung des Geistig-Seelischen der Sprache in der geistig-seelischen Welt wie ein Nachschwingen enthält. Sie können die Wortbildungen, die Lautnuancierungen, die Überzeugungskraft, die der Mensch in die Worte hineinzulegen vermag, auch an dem schlafenden astralischen Leibe verfolgen. Da ist natürlich nicht etwas von einer Schwingungskraft vorhanden, die sich der Luft mitteilt; dadurch kommt auch kein physischer Stimmklang der Sprache zustande. Aber dasjenige, was auf den Wellen der Worte als Geistig-Seelisches aus dem menschlichen Munde herauskommt und vom menschlichen Ohre gehört wird, was da auf dem Strom der Sprache sich seelisch vermittelt, das trägt als Seelisch-Geistiges der astralische Leib hinaus in die geistige Welt, wenn der Mensch schläft. Man sieht das nur deutlicher, während das Kind oder auch der Erwachsene im Erlernen einer Sprache sich anstrengen, die

Sprache sich erst aneignen; aber stattfindet es das ganze Leben hindurch, dass dasjenige, was wir bei Tag sprechen, in Bezug auf sein Geistig-Seelisches dann in der Nacht vom astralischen Leibe hinausgetragen wird in die geistige Welt. Sodass wir sagen können: Namentlich die Gefühlsnuance des Gesprochenen wird durch den astralischen Leib aus dem Menschen hinausgetragen während der Nacht. Das ist eine Eigentümlichkeit des astralischen Leibes.

Aber jetzt beobachten wir, wie das Ich sich vom Einschlafen bis zum Aufwachen verhält. Das Ich ist ebenso zunächst, ich möchte sagen, rein natürlich an das Gliedmaßensystem gebunden. Wie der astralische Leib an die Brust gebunden ist und aus der Brust die Sprache kommt, in ebensolcher Weise ist das Ich an alles dasjenige gebunden, was der Mensch mit seinen Gliedern ausführt, was der Mensch vom Aufwachen bis zum Einschlafen tut, indem er diesen oder jenen Gang macht, indem er dieses oder jenes mit seinen Armen und Händen vollzieht. So wie der astralische Leib in jedes Wort hineinfließt und das Seelische des Wortes sich herausnimmt während des Schlafens, so ist das Ich verbunden mit jeder Bewegung, die wir machen, indem wir in der Welt diesen oder jenen Ort aufsuchen im Wachzustande. Es ist das Ich verbunden mit jeder Handbewegung, mit jedem Ergreifen irgendeines Gegenstandes. Aber während man beim astralischen Leib, weil die Sprache etwas so Seelisches ist, das eigentliche Seelische weniger beachtet, weniger darauf aufmerksam wird, dass in der Sprache eben noch etwas ganz Besonderes seelisch in die Sprache hineinergossen wird, ist man schon bei dem Zusammenhang des Ich mit den Gliedmaßen geneigt, überhaupt nicht mehr darauf Rücksicht zu nehmen, dass damit etwas Seelisch-Geistiges verknüpft ist. Man fasst halt das Gehen, man fasst das Greifen mit den Händen auf wie etwas, ich möchte sagen, was rein in einer Art physischem Mechanismus geschieht, der der menschliche Organismus sein soll. Das ist aber nicht der Fall.

Dasjenige, was in jeder Fingerbewegung während des Tages liegt, was in jedem Schritte liegt, mit dem man einen Ort aufsucht, das enthält auch ein Geistig-Seelisches, so wie das Wort ein Geistig-

Seelisches enthält. Und das, was da mit unseren Gliedmaßen verbunden ist, was verbunden ist mit unseren Bewegungen, das nimmt das Ich beim Einschlafen aus unserem physischen und Ätherleib hinaus in die geistige Welt, nur deutlich verbunden jetzt mit einem besonderen Geistig-Seelischen: damit nämlich, dass das Ich in jedem Augenblick zwischen dem Einschlafen und Aufwachen unbewusst zufrieden oder unzufrieden ist – Sie werden das gleich nachher besser verstehen, wenn ich es weiter erläutern werde –, zufrieden ist damit, wenn ich mich zwar deutlich, aber etwas trivial ausdrücken muss, ob die Beine sich nach diesem oder jenem Ort hinbewegt und etwas getan haben, ob die Arme dies oder jenes verrichtet haben. Nicht nur wird der Nachklang der Beinbewegungen und Armbewegungen hinausgenommen in das Schlafen, sondern es wird Zufriedenheit oder Unzufriedenheit hinausgenommen. Es haftet vom Einschlafen bis zum Aufwachen dem Erleben des Ich an: Eigentlich hättest du dahin nicht gehen sollen. Oder: Eigentlich war das recht gut, dass du dahin gegangen bist. Eigentlich war es gut, dass du dies oder jenes mit deinen

Armen gemacht hast. Eigentlich war es schlecht, dass du dies oder jenes getan hast. – Das ist das Geistig-Seelische, das das Ich hinzusetzt zu dem, was es aus den Gliedmaßen des Menschen hinausnimmt in den schlafenden Zustand.

Und woher kommt es denn, dass dies so ist? Das kommt davon, dass der astralische Leib, indem er zwischen dem Einschlafen und Aufwachen in die geistige Welt versetzt wird, nach der Weltenordnung beim Menschen eigentlich dazu bestimmt ist, in innigen Kontakt zu kommen zwischen dem Einschlafen und Aufwachen mit denjenigen Wesenheiten, welche in meiner *Geheimwissenschaft im Umriss* geschildert sind als angehörig der Hierarchie der Archangeloi, der Erzengel. Denn mit dem, was wir da als den Nachklang der Sprache mit hinausnehmen in das Schlafen, fühlen sich diese Archangeloiwesen verwandt. Das ist dasjenige, was sie brauchen, das ist dasjenige, was sie erleben wollen.

Ich möchte sagen: Genau ebenso, wie wir Menschen im physischen Erdenleben darauf angewiesen sind, zu atmen, also Sauerstoff um uns haben, und daher den Sauerstoff als etwas Wohltätiges empfinden, so empfinden die Erzengel, die mit dem Inneren der Erde verbunden sind, es als ihr Bedürfnis, dass ihnen die Menschenseelen, wenn sie schlafen, entgegenbringen den Nachklang dessen, was in ihrer Sprache liegt.

Das ist das Eigentümliche der menschlichen Sprache, dass sie Verwandtschaft hat durch die Vermittlung des Schlafzustandes mit der Hierarchie der Archangeloi, der Erzengel. Sie werden sich erinnern, wenn Sie sich ins Gedächtnis rufen, was ich verschiedentlich gesagt habe in früheren Zyklen: dass eigentlich die Erzengel die Genien, die Leiter, die Führer der Volkssprachen sind. Das hängt damit zusammen.[4]

Die Erzengel sind deshalb die Führer der Volkssprachen, weil sie – es ist ja figürlich ausgesprochen, aber es ist so – geradezu einatmen dasjenige, was ihnen der Mensch aus der Sprache entgegenträgt, wenn er einschläft. Aber es ergibt sich sofort eine Unzulänglichkeit des Menschen, wenn der Mensch mit seiner Sprache in den schlafenden Zustand nicht das Rechte hinausbringt.

Das ist etwas, was man insbesondere innerhalb der Gegenwartskultur beobachten kann. Innerhalb dieser Gegenwartskultur ist eigentlich wenig von dem vorhanden, was man Idealismus nennt, und die menschlichen Worte haben allmählich bloß solche Bedeutungen angenommen, die sich auf äußerlich physisch-materielle Dinge beziehen. Die Bezeichnung von Idealen – was ja voraussetzt, dass man ans Geistige glaubt, denn das Ideal ist Geistiges –, die Bezeichnung von Idealen fällt immer mehr und mehr aus. Die Menschen entwickeln nicht im wachen Zustande den Schwung, den inneren Enthusiasmus für Idealismus. Dadurch reden sie eigentlich auch nur mehr über solche Dinge, die in der physischen Welt da sind. Worte nehmen immer mehr und mehr die Bezeichnung an für Dinge, die in der physischen Welt da sind.

Es ist ja so, dass in unserer Zeit mehr oder weniger selbst diejenigen Menschen, die sehr fanatisch manchmal an den Geist glauben wollen, doch den Geist gerade ablehnen. Da machen sie spiritistische Experimente, wobei sie den Geist sich manifestieren lassen, weil sie eigentlich an den

Geist nur glauben wollen, wenn er materiell sein kann. Aber das ist ja kein Geist, der im materiellen Lichtschimmer und dergleichen erscheint. Spiritismus ist nämlich die äußerste Form des Materialismus. Man versucht den Geist abzuleugnen dadurch, dass man nur das als Geist gelten lässt, was in die Welt des Materiellen hereinkommt.

Also wir sind schon einmal in einem Zeitalter, wo die Worte sich nicht so aus der Seele herausringen, dass sie einen idealen Schwung annehmen. Und das wird immer weniger. Aber wenn dieser ideale Schwung nicht da ist, wenn, mit anderen Worten, der Mensch im wachenden Zustande nicht in der Lage ist, außer von den physischen Dingen auch von seinen Idealen zu sprechen, gewissermaßen sich hinzuwenden an dasjenige, was eben dem Ideal angehört, was über die physische Welt hinausliegt, was dem Leben Ziele gibt, die über das physische Leben hinausliegen, wenn der Mensch nicht in seiner Tagessprache Worte entwickelt für Ideale, wenn nicht die Sprache selber in Idealismus ergossen ist – dann findet der Mensch nur außerordentlich schwierig während des schlafenden Zustandes jenen Zusammenhang mit dem Erzengelwesen, der ihm eigentlich notwendig ist, und dann kommt im schlafenden Zustande keine Ordnung hinein in dasjenige, was sich da abspielen soll zwischen der menschlichen Seele und der Hierarchie der Archangeloi. Wenn das der Fall ist, wenn der Mensch dem Materialismus verfallen ist, in seiner Sprache keinen Idealismus entwickelt, die Worte nach und nach so geworden sind, dass der Mensch nur mehr wenig spricht von Idealen, dann verfließt das irdische Leben so, dass der Mensch jede Nacht eigentlich, wenn ich mich so ausdrücken darf, den Anschluss versäumt an das Erzengelwesen. Dann wird es ihm schwer, mit der geistigen Welt so innig verbunden zu sein, dass er nun auch in genügender Weise das Leben nach dem Tode, vom Tode zu einer neuen Geburt, kräftig durchleben kann. Der Mensch schwächt sich dadurch, dass seine Sprache keinen Idealismus enthält, für das Leben zwischen dem Tode und einer neuen Geburt.

Zu wissen, wie es sich mit diesen Dingen verhält, ist eigentlich schon ein Lebenswissen.

Derjenige, der weiß, was es für eine Bedeutung hat, wenn die Sprache keinen Idealismus enthält, der wird endlich die Kraft gewinnen, wiederum einzutreten dafür, dass in die menschliche Sprache auch Idealismus hineinkommt. Schon während des Erdenlebens kann man bemerken, dass derjenige nicht zu seiner rechten Kraft kommt, der aus dem Erzengelwesen nicht die nötige Kraft heraussaugen kann in diesem Zustand vom Einschlafen bis zum Aufwachen. Wir können geradezu sagen in Bezug auf dasjenige, was die Sprache an uns als Menschen während des Schlafes tun soll: Um das in der rechten Weise als Ergebnis für das Leben zu bekommen, müssen wir uns wirklich bemühen, solchen Idealismus zu haben, dass in die Worte nicht bloß die Verständigung über das alltägliche Leben einfließt, sondern in die Worte auch Geistiges in Form des Idealismus einfließt.

Aber noch stärker tritt das hervor, wenn wir jetzt auf den schlafenden Zustand des Ich schauen. Das Ich nimmt mit hinaus in den schlafenden Zustand Zufriedenheit und Unzufriedenheit über dasjenige, was die Gliedmaßen getan haben. Geradeso wie der astralische Leib durch die Nachwirkung der Sprache an die Hierarchie der Erzengel herangetragen wird, so wird das Ich durch das, was es da als Nachklang der täglichen Verrichtungen durch Arme und Beine hinausbringt in den Schlafzustand, herangetragen an die Hierarchie der Urkräfte, der Archai, der Urbeginne. Aus diesen Urbeginnen kommt uns dann die Kraft, erstens den physischen Leib in der richtigen Weise zu durchdringen, sodass wir nicht nur das Gute wollen, sondern bis zu einem gewissen Grade auch imstande sind, die Triebe des physischen Leibes so weit zu beherrschen, dass wir kein Hindernis haben an unserem physischen Leib, um dasjenige zu tun, was wir in der Freiheit des Gedankens uns als Pflicht oder als Ziel vorsetzen. Wir sind frei im Gedanken. Aber die Kraft, die Freiheit im Leben anzuwenden, bekommen wir nur, wenn wir in den Schlaf hinaustragen den richtigen Zusammenhang mit den Urkräften, mit den Archai.

Aber wie können wir das? Der Idealismus bringt unseren astralischen Leib in richtiger Weise mit den Erzengelwesen in Zusammenhang. Was bringt unser Ich in der richtigen Weise mit den Urkräften in Zusammenhang? Wenn auch *wir* zunächst unbewusst in der Nacht bleiben – aber das Wesen aus der Hierarchie der Urkräfte hat ein völliges Bewusstsein von der Sache, nimmt dasjenige auf, was wir unbewusst haben, und entwickelt es zu einem ausgesprochenen Gedanken der Zufriedenheit oder Unzufriedenheit mit dem, was wir am Tage getan haben. Was aber bringt uns in einen richtigen Zusammenhang mit diesen Urkräften, in einen solchen Zusammenhang, wie wir ihn durch den Idealismus in der Sprache zu den Erzengeln bekommen?

Es gibt nichts anderes, um während des Schlafens in Bezug auf sein Ich in den richtigen Zusammenhang mit den Urkräften zu kommen, als wirkliche, echte, wahre Menschenliebe, unbefangene Menschenliebe, allgemeine Menschenliebe, richtiges Interesse für jeden Mitmenschen, mit dem uns das Leben zusammenbringt, nicht Sympathie oder Antipathie, die nur aus irgendetwas herauskommen, das wir nicht überwinden wollen. Echte, wahre Menschenliebe während des Wachzustandes führt uns zwischen dem Einschlafen und Aufwachen in den Schoß der Urkräfte, der Archai, in der richtigen Weise hinein. Und da wird, während das Ich im Schoße der Archai ruht, das Karma, das Schicksal geformt. Da entsteht das Urteil: Ich bin unzufrieden mit demjenigen, was ich mit meinen Armen und Beinen getan habe. Und aus dem, was da als eine Zufriedenheit oder Unzufriedenheit sich ergibt, entsteht nun nicht bloß das, was gilt für die Zeit kurz nach dem Tode, sondern für das nächste Erdenleben; es entsteht die Kraft zum richtigen Bilden des Schicksals, sodass auch wirklich die Dinge ausgeglichen werden, die wir in einem Erdenleben empfunden haben während des Schlafes, im Ich, im Zusammenhange mit den Urkräften.

Wenn Sie dies bedenken, so sehen Sie genau hinein in diesen merkwürdigen Zusammenhang des Ich und des Schicksals, des Karma. Während wir sozusagen dem astralischen Leibe ansehen, wie er, wenn der Mensch ein Idealist ist, die Sprache als eine Opfergabe den Erzengeln übergibt, sodass ihn dann die Erzengel in der richtigen Weise zwischen

Tod und neuer Geburt leiten können, so sehen wir, wie das Ich an dem Schicksal webt. Da wird das Karma ausgearbeitet im Zusammenhange mit den Urkräften. Und die Urkräfte haben wiederum die Gewalt, dasjenige uns zu verleihen, was wir brauchen, um nicht nur die Zeit zwischen Tod und neuer Geburt durchzugehen, sondern beim nächsten Herabsteigen ins Irdische mit einer solchen Kraft anzukommen, dass wir, wenn wir ein kleines Kind sind, jetzt mit der Erbschaft vom vorhergehenden Erdenleben so oder so gehen lernen, Gleichgewicht finden lernen, Füße und Hände, Arme und Beine differenzieren lernen.

Es ist sehr merkwürdig, zu sehen, wie beim Kinde, wenn es vom Kriechen zum Gehen übergeht, wenn es zunächst Gleichgewicht erwirbt, in dieser Anstrengung die Art und Weise nachwirkt, wie im letzten Erdenleben das Ich durch allgemeine Menschenliebe in der richtigen Weise den Schlaf in Zusammenhang mit den Urkräften gebracht hat. Das drückt sich aus im Gehenlernen. Man kann dies bis in die Einzelheiten verfolgen. Man kann sehen, wenn ein Kind immer wieder umkippt, wie das davon herrührt, dass in einem früheren Leben das Kind starke menschenhassende Gefühle entwickelt hat. Da ist es nur herangekommen an die Urkräfte, da hat es nicht die richtige Verbindung mit ihnen gefunden, und gerade in dieses Gehenlernen hinein, in das fortwährende Umkippen, da hinein prägt sich die Wirkung aus. Derjenige, der sich einen richtigen Blick gerade dafür aneignen würde, der also zum Beispiel sich vornehmen würde: Ich will dadurch ein richtiger Erzieher werden, dass ich die Kinder im Gehenlernen richtig beobachte – wer das durchführen könnte, der würde aus der Art und Weise, wie das Kind gehen lernt, wirklich Ungeheures von dem sehen, was man auch als Unterrichtender, als Erzieher karmisch auszugleichen hat, weil es aus dem vorhergehenden Erdenleben durch nicht genügende oder genügende, aber falsch angebrachte Menschenliebe in dieses Leben hereingebracht worden ist.

Hier sehen Sie, wie die materialistische Ansicht beim Physischen bleibt. Die materialistische Ansicht beschreibt, wie der menschliche Organismus wie eine Maschine sich aufrichtet, gehen lernt und so weiter. Aber mit allem Physischen ist ein Geistiges verbunden, und derjenige, der den ganzen Vorgang überschaut, lernt erkennen, dass im Gehenlernen des Kindes hereinspielt das vorhergehende Erdenleben. Das heißt, Gehenlernen ist überhaupt die Art und Weise, wie der Mensch, wenn er ein neues Erdenleben antritt, seinen physischen Körper beherrschen lernt. Und für den, der die Sache vollständig überschaut, ist das Gehenlernen nicht erschöpft damit, dass man seine Beine aufrichten kann und den ganzen Körper aufrichten kann, sondern das geht so weit, dass es nun zu inneren Prozessen des Menschen kommt, auch dazu, wie der Mensch nun innerlich Herr wird über seine Drüsentätigkeit und so weiter. Denn wenn das Kind gehen gelernt hat – und schon vorher, kommt es nicht nur auf das Gehen an, sondern es kommt auch darauf an, dass es, sagen wir, wenn es einen phlegmatischeren oder cholerischeren Charakter hat oder ein Übermaß an den oder jenen Emotionen, dann seine Drüsentätigkeit beherrschen oder nicht beherrschen lernt.

Das hängt wiederum mit dem zusammen, was während des Schlafes aus den vorhergehenden Erdenleben aus allgemeiner Menschenliebe oder nicht allgemeiner Menschenliebe sich als das Verhältnis zu den Urkräften herausgestellt hat.

Wenn man materialistisch denkt, so sagt man: Der Mensch ruht im Schlafe. – Aber er ruht nicht bloß. Wenn er den richtigen Idealismus während des Wachens entwickelt, so trägt er in den Schlaf hinein für den astralischen Leib die Möglichkeit, sich hinaufzuschwingen zu der Hierarchie der Archangeloi, also mit der geistigen Welt während des Schlafes so in Beziehung zu treten, dass in der richtigen Weise verlebt werden kann die Zeit vom Tode bis zu einer neuen Geburt. Natürlich tragen wir, wenn wir diese Zeit nicht richtig verleben, auch Schwächen davon in das Erdenleben hinein. Aber in der Art und Weise, wie sich der Mensch in ein richtiges Verhältnis zu den Urkräften, zu den Archai versetzt, davon hängt es dann ab, wie wir uns das nächste Leben zu zimmern verstehen. Man sieht also, dass allgemeine Menschenliebe geradezu eine schöpferische Kraft hat. Denn wovon hängt es denn ab, dass irgendjemand stark und kräftig ist in einem Leben, um seinen physischen Leib in den Dienst der Seele zu stellen, beherrschen zu können seinen physischen Leib? Das hängt davon ab, ob er im vorhergehenden Leben Menschenliebe, etwas rein Seelisches entwickelt hat.

Sie erinnern sich, wie ich in früheren Vorträgen[5] gesagt habe: Das Seelische des einen Erdenlebens lebt sich in dem Physischen des nächsten Erdenlebens aus, das Geistige des einen Erdenlebens in dem Seelischen des nächsten Erdenlebens. – Aber so hängen die Dinge zusammen, die ich eben auseinandergesetzt habe.

Man kann nicht bloß so im Allgemeinen behaupten, dass es so etwas wie ein Schicksal, wie ein Karma gibt. Man kann geradezu sagen: Man schaut, wie der Mensch an seinem Karma arbeitet. Er webt es während des Schlafes, aber er erntet dasjenige, was er zum Gewebe braucht, während des Wachens ein. Denn das, was er webt, sind die Fäden, die er wirken muss aus allgemeiner Menschenliebe; oder die Fäden, die fortwährend abreißen und ein schlechtes Karma für das nächste Leben bilden, das sind diejenigen, die aus Menschenhass gewoben sind. Denn für das Karma kommen als schöpferische Kräfte vor allen Dingen Menschenliebe und Menschenhass in Betracht.

Nun muss man diese Sache in der richtigen Weise ansehen. Es ist im Grunde genommen eine bequeme Karmaauffassung, wenn man sagt: Ich bin krank – nun, das ist mein Karma. Mich hat dieses Unglück getroffen – das ist mein Karma. – Ich will nicht sagen, dass es als Lebensweisheit besonders beruhigend ist, aber eine bequeme theoretische Auffassung ist es, in fatalistischer Weise alles auf das Karma zu schieben. Es ist aber durchaus nicht richtig so. Denn nehmen Sie an, Sie betrachten nicht dieses Erdenleben, sondern das drittnächste, so werden Sie in dem drittnächsten Erdenleben auf dieses jetzige zurückschauen können. Dann werden Sie sagen: Es ist mein Karma. – Aber dasjenige, was Ihr Karma ist, weist in dieses Erdenleben zurück; da ist es entstanden. Das heißt, es ist fortwährend entstehendes Karma da.

Wir müssen nicht alles in die Vergangenheit zurückschieben. Wir müssen uns klar sein, dass in der richtigen Weise zum Karma sich zu stellen dazu führt, dass man sich sagt: Eine Krankheit, die mich jetzt trifft, braucht gar nicht die Folge früherer seelischer Schwächen zu sein, sondern es kann eine Krankheit zuallererst auftreten. Aber Karma gilt doch. Trifft mich eine Krankheit, ein Unglück in diesem Erdenleben, es wird der Ausgleich kommen, oder dieses Unglück, diese Krankheit können der Ausgleich sein.

Das heißt, man muss immer auch mit der Zukunft rechnen, wenn man von Karma spricht. Das Verhältnis, das man zum Karma hat, ist das, dass man unerschütterlich wird in der Anerkennung der allgemeinen Weltengerechtigkeit, dass man also weiß: Alles gleicht sich aus, aber nicht so, dass man einfach die Reihe der Erdenleben zerreißt durch das gegenwärtige und alles auf die Vergangenheit schiebt.

Derjenige stellt sich in einer lebensvollen Weise in den karmischen Verlauf der Lebensereignisse hinein, der da weiß: Ausgleich ist. Aber das Wesentliche bei der Karmaauffassung ist die Seelenstimmung, die aus dieser Auffassung kommt. Und die

Seelenstimmung, die aus der Karmaauffassung kommen muss, das ist die, dass für den Fall, wo irgendetwas, sagen wir als Unglück, die Ausgleichung ist für eine frühere Seelenschwäche, wir darin den Anlass finden, uns zu sagen: Hättest du jetzt dieses Unglück nicht erfahren, so hättest du die Schwäche fernerhin behalten. Wenn du in die Tiefen deiner Seele hineinsiehst, so musst du sagen: Es ist recht, dass dieses Unglück über mich gekommen ist, denn dadurch ist eine Schwäche ausgelöscht, eine Schwäche hinweggenommen.

Wer ein solches Unglück, welches ein Ausgleich ist für eine vorherige Seelenschwäche oder Verfehlung, hinwegwünscht, stellt sich eigentlich nicht auf den Standpunkt vollständiger Menschenwürde. Er sagt gewissermaßen: Ach, mir ist es gleichgültig, ob ich schwach bleibe oder eine gewisse Stärke mir erringe! – Allein derjenige fasst ein Unglück in der richtigen Weise auf, der da sagt: Falls es für eine frühere Schwäche wäre, ist es gut, dass es mich getroffen hat. Denn ich werde diese Schwäche, die ich gehabt habe, die sich in einer Verfehlung vielleicht ausgedrückt hat, durch das Unglück fühlen.

Dadurch lösche ich die Schwäche aus, ich werde wieder stark.

Und falls ein Unglück als erster Schritt im Karma kommt, so ist die richtige Stimmung dagegen diese, dass man sich sagt: Wenn den Menschen nur dasjenige treffen würde, was er sich wünscht, so würde er gerade durch einen Lebensverlauf, der so ist, recht schwach werden. Wir würden zwar unter Umständen in einem oder zwei Erdenleben bequem und wohl leben, weil immer nur dasjenige über uns kommt, was wir uns wünschen, aber im dritten, vierten Erdenleben würden wir überhaupt seelisch und geistig wie gelähmt sein, weil gar keine Anstrengung in uns entstehen würde, um Widerstände zu überwinden. Widerstände lassen sich ja nur überwinden, wenn das Unerwartete, das Unerwünschte kommt. Entwickelt man aber die rechte Kraft an den Widerständen, nimmt man genug Menschenliebe hinein in den Schlaf, dann gestaltet sich dasjenige, was von dem Ich im Zusammenhange mit den Urkräften, mit den Archai als Karma gewoben wird so, dass der richtige Ausgleich in dem nächsten Erdenleben stattfindet.

Alle anthroposophischen Wahrheiten müssen nicht bloß theoretische Wahrheiten sein, durch die man etwas erkennt, sondern sie sind alle so, dass sie in die Stimmung, in die Gemütsverfassung übergehen. Und derjenige, bei dem sie nicht in die Gemütsverfassung übergehen, der hat sie noch nicht vollständig erfasst, der hat sie bloß als theoretische Wahrheiten erfasst. Das richtige Verstehen des Karma, des Schicksals, führt eben dazu, dass der Mensch zwar, indem er dem Leben gegenübersteht, sogar feiner empfänglich wird für Glück und Unglück, als er sonst es ist – er erlebt stark Glück und Unglück –, aber er findet auch die Möglichkeit, in seiner Seele sich gewissermaßen der geistigen Welt gegenüber in jene Stimmung zu versetzen, die nun nicht aus einem Glaubensbekenntnis heraus, sondern aus der Anschauung desjenigen kommt, was Ich und astralischer Leib tun, während sie dem Tagesleben entzogen sind. Aus der Anerkenntnis dessen kommt er in die Stimmung hinein, unerlässlich festzuhalten an der Weltgerechtigkeit. Karma verstehen heißt, in der richtigen Weise die Weltgerechtigkeit anschauen. Es heißt nicht, phlegmatisch werden gegenüber Glück oder Unglück, gegenüber Freude und Schmerz, aber es heißt, Freude und Schmerz, Glück und Unglück an die richtige Stelle des Lebens versetzen.

Nun können wir sagen: Wenn man den Menschen während des Tageslebens sieht, so sieht man ja eigentlich nur Ich und astralischen Leib, wie sie sich betätigen am physischen Leibe, und dann weiß man nur etwas von der Betätigung am physischen Leibe, nicht von dem Geistig-Seelischen im Ich und astralischen Leibe. Wenn ich mit einem Menschen spreche, achte ich auf die Worte, die er mir sagt, und bin ich dann Materialist, so erkläre ich mir das folgendermaßen: Lunge, Kehlkopf und so weiter arbeiten, dadurch wird die Luft in Schwingungen versetzt, die stoßen an mein Ohr an und so weiter. – Sehe ich aber die Sache recht an, so sehe ich vibrieren in dem, was als Worte sich bildet, was in der Sprache sich ausgestaltet, seinen astralischen Leib. Aber ich finde dann mit diesem astralischen Leibe verbunden des Menschen Verwandtschaft mit der göttlich-geistigen Welt. Ich sage mir: Ist der astralische Leib im physischen

Leibe darinnen während des Tagwachens, dann verbirgt er sich in der Sprache und in ähnlichen Tätigkeiten. Während der Nacht nimmt er teil an dem Leben der höheren Hierarchien. Und in einer solchen Weise ist es auch der Fall mit dem Ich.

So dürfen wir sagen: Wenn der Mensch schläft, so ruht er sich nicht bloß für das tägliche Leben aus. Dann arbeitet er in der geistigen Welt, so wie er mit seinem physischen Leib arbeitet und spricht hier in der physischen Welt. Und so wie der Materialismus ableugnet, dass als reales Wesen Ich und astralischer Leib vorhanden sind während des Schlafens, so muss es auch der Materialismus belassen, dass er nicht die ganze Welt verstehen kann. Denn was ist für den Materialismus moralische Welt? Moralische Welt ist für ihn, was sich der Mensch vorsetzt in Gedanken, was aber mit den weltschöpferischen Kräften nichts zu tun hat. Für denjenigen, der wirklich, wahrhaftig hineinschaut ins menschliche Leben, ist die moralische Weltenordnung dasjenige, in dem der Mensch schlafend ebenso stark lebt, wie er wachend in Luft und Licht lebt.

Da gibt es noch etwas, was wesentlich ist zu beachten. Wenn wir sterben, nehmen wir die Sprache heraus – dasselbe gilt dann auch für das Karma –, wir sterben, und wir waren das Leben hindurch in richtiger oder in mehr oder weniger mangelhafter Weise verbunden mit der Welt der Archangeloi. Das hat sich wiederholt in jedem Schlafe. Wir tragen durch die Pforte des Todes in die geistige Welt dasjenige hinaus, was uns die Erzengelwesen im Schlafe gegeben haben. Da können wir uns dann in der richtigen Weise in die geistige Welt hineinfinden, die der Logos ist, die aus den kosmischen Elementen besteht, die in den Worten der Sprache ihr Abbild haben, da können wir uns hineinfinden in die geistige Welt für das Leben zwischen dem Tod und einer neuen Geburt.

Aber so einfach ist dies nicht. Wenn wir durch den Tod gehen, haben wir keinen physischen Körper mehr. Da genügt das, was die Erzengel uns mitgegeben haben aus jedem Schlafzustand, um zu wirken, um es zu verwerten zwischen Tod und neuer Geburt. Wenn wir aber aufwachen als physische Erdenmenschen, müssen wir in den physischen Leib wiederum untertauchen. Das können uns die Erzengel gar nicht vermitteln. Da müssen noch höhere Hierarchien mitwirken: diejenigen Wesen, die ich in meiner *Geheimwissenschaft* bezeichnet habe als die Exusiai und als die Kyriotetes. Die müssen das, was wir zunächst im Verein mit den Erzengeln durch die Geistigkeit der Sprache uns errungen haben, in die Triebe und Begierden des physischen Leibes, der uns sonst Widerstand leistet, hineinbringen. Da flammt es dann auf als Gewissensstimme. Aber indem das, was wir aus dem Schlaf in den Leib hineintragen, als Gewissensstimme aufflammt, wirkt in dieser Gewissensstimme dasjenige, was in der Hierarchie der Exusiai und der Kyriotetes, als einer höheren Hierarchie als der der Erzengel, gegeben ist.

Wenn wir also in der physischen Welt herumschauen und finden, dass der eine oder der andere Mensch das Gewissen so stark entwickelt, dass sein physischer Leib bessere Triebe, bessere Instinkte bekommt, dann haben infolge des Idealismus seiner Sprache Kyriotetes und Exusiai in der richtigen Weise an ihm gewirkt.

Und wiederum, wenn der Mensch durch allgemeine Menschenliebe in den richtigen Zusammenhang kommt mit den Archai, mit den Urkräften, so arbeitet er sich sein Karma in einer solchen Weise aus, wie es eben in dem nächsten Erdenleben im Gehenlernen, im Gleichgewichtlernen, im Geschicklichwerden der Arme, im Beherrschen des Drüsensystems und so weiter in der allerersten Kindheitszeit, wenn wir uns in das Erdenleben hereinschlafen, sich in den Körper hineinfügt. Denn wir haben uns das erworben, dass wir sozusagen im Verein mit den Urkräften, mit den Archai zwischen Tod und neuer Geburt arbeiten können. Aber damit der Mensch hier auf Erden in einer richtigen Weise eine feine Empfindung, ein scharfes Bewusstsein bekommt für seine eigenen Taten, dazu ist notwendig, dass diejenige Hierarchie, die ich Ihnen in der *Geheimwissenschaft* bezeichnet habe als die Dynamis, im Zusammenhang wirkt mit den Archai, also wiederum Wesenheiten einer höheren Hierarchie.

Wenn dem Menschen nun allgemeine Menschenliebe fehlt, richtiges Interesse an seiner menschlichen Umgebung fehlt, so findet er nicht den richtigen Anschluss an die Archai. Dadurch verdirbt er sich die Möglichkeit, sich sein Karma für das nächste Erdenleben in der richtigen Weise zu weben, und es müssen weitere Erdenleben kommen, durch die er das ausgleicht. Aber für dieses Erdenleben hat er noch das im Nachteil, dass er immer weniger und weniger die Kraft bekommt, die Urteile, die gebildet werden, Zufriedenheit oder Unzufriedenheit mit dem, was Beine und Hände tun, hinauszutragen in den physischen Leib. Denn das können wir nicht selber, da müssen wir durch verstärkte Menschenliebe in der richtigen Weise mit den Dynamis zusammenkommen. Die tragen dann in der richtigen Weise in unseren physischen Leib die Kraft herein, die das Richtige ausführt. Sonst klappen wir zusammen, trotzdem wir das Richtige einsehen.

Frei werden können wir in Gedanken. Dass wir aber auch die Freiheit in der richtigen Weise im physischen Leben gebrauchen können, dazu müssen wir das richtige Gleichgewicht im Wachen und Schlafen herstellen, weil wir in der richtigen

Weise nicht nur mit den Urkräften, sondern auch mit den Dynamis zusammenkommen müssen.

Die höchste Hierarchie, Seraphim, Cherubim, Throne, sie wollen das, was wir tun, hinaustragen in die Welt. Exusiai, Dynamis, Kyriotetes tragen aus dem Schlaf als moralische Kraft dasjenige, was wir in Gedanken erfassen, herein in unser körperliches Wesen. Die Seraphim, Cherubim und Throne tragen das wiederum hinaus in die Welt, sodass unsere eigenen moralischen Kräfte weltschöpferische Kräfte werden.

Wenn also die Erde einmal in den Jupiterzustand übergehen wird und unsere moralischen Kräfte bei dieser Umwandlung ihre richtigen Funktionen ausführen, haben die Seraphim, Cherubim und Throne natürlich damit nur etwas zu tun, wenn wir ihnen die nötigen Unterlagen dafür geben. Übergeben wir ihnen dadurch, dass wir immer schwächer und schwächer werden, Zerstörungskräfte, dann arbeiten wir mit an der Zerstörung der Erde, nicht an dem Aufbau des Jupiter.[6] Sie sehen, die Gliederung der geistigen Welt ist in der Anthroposophie wahrhaftig nicht bloß dazu da, dass man für einzelne Stufen Namen hat, sondern man kann nach und nach wirklich eingehen in den ganzen Zusammenhang der Welt, kann den Zusammenhang des Menschen mit der geistigen Welt so überschauen, wie man sonst den Zusammenhang des Menschen mit der physischen Welt überschaut. Und das ist dasjenige, was den Menschen wiederum die rechte Kraft geben wird zu einem aufbauenden Leben, wenn sie in dieser Weise den Weg finden, um ihren Zusammenhang mit der geistigen Welt einzusehen, wenn sie nicht bloß glauben, der Schlaf sei da, um zu ruhen, sondern die Überzeugung gewinnen: Der Schlaf ist da, um mit der geistigen Welt unter den Nachwirkungen des physischen Lebens in den richtigen Zusammenhang zu kommen.

Ja, es ist schon richtig, die geistig-moralische Welt kann der Mensch leugnen, weil er sie zunächst in diesem Erdenstadium verschläft. Aber es muss durch eine wirkliche Wissenschaft herauskommen, was der Mensch da verschläft. Er verschläft nämlich dasjenige, was sich in das Erdenleben herein als himmlisches Dasein erstreckt. Dazu hat der Mensch den Schlaf, dass er tatsächlich aus der geistigen Welt sich die entsprechende Kraft herausholen kann gerade für sein physisches Leben.

Betrachten Sie jetzt von diesem Gesichtspunkte aus den Zusammenhang desjenigen, was ich versuchte, Ihnen heute skizzenhaft darzulegen, mit meiner *Philosophie der Freiheit*. Da werden Sie finden: Ich habe ausdrücklich betont, es käme nicht darauf an, dass man die Theorie aufstellt, der Wille solle frei sein, sondern der Gedanke soll frei sein. Der Gedanke muss gerade den Willen beherrschen, wenn man ein freier Mensch sein will. Aber damit der Wille dem freien Gedanken nicht einen unmöglichen Widerstand bietet, muss der Mensch sein Leben in entsprechender Weise einrichten. Den Gedanken können wir frei machen als Mensch, der wir geworden sind in der physischen Welt. Das Gemüt und den Willen bekommen wir bloß frei, wenn wir für das Gemüt in das richtige Verhältnis zu den Erzengeln, wenn wir für den Willen in das richtige Verhältnis zu den Archai kommen.

Daher ist es aber auch so: Dasjenige, was in der Sprache lebt, lassen wir mit dem Geistig-Seelischen hinausgehen in der Nacht. Dasjenige, was in unseren Gliedmaßen lebt, lassen wir auch hinausgehen. Astralischer Leib und Ich gehen hinaus. Der ätherische Leib bleibt beim physischen Leib. Das Denken, das an den ätherischen Leib gebunden ist, das setzt sich fort im ätherischen Leib. Nur wissen wir im gewöhnlichen Bewusstsein nichts davon, wie der ätherische Leib vom Einschlafen bis zum Aufwachen denkt, weil wir draußen sind. Es ist gar nicht wahr, dass wir in dem schlafenden Zustand nicht denken, wir denken vom Einschlafen bis zum Aufwachen. Die Gedanken laufen fortwährend ab in unserem Ätherleib, nur weiß der Mensch nichts davon. Er fängt erst wiederum an etwas zu wissen, wenn er untertaucht; da werden die Gedanken wieder lebendig für sein Bewusstsein. Deshalb, weil die Gedanken mit dem physischen Erdenleben durch den Ätherleib so verbunden sind, ist es, dass der Mensch in Gedanken frei sein kann. Denn auf die Erde ist er versetzt, um frei zu werden. Die Kraft der Freiheit kann er sich nur aus der geistigen Welt holen, die Kraft zur Freiheit im Gemüte, die Kraft zur Freiheit im Willen.

Das ist der Zusammenhang mit der Tatsache, dass der Mensch seine eigentliche Denkgrundlage, den Ätherleib, durch das ganze Erdenleben hindurch behält. Der Ätherleib geht während des Erdenlebens nicht hinaus in eine kosmische Welt. Der astralische Leib und das Ich gehen hinaus. Erst wenn der Tod eintritt, geht auch der Ätherleib hinaus. Da kommt dann die Rückschau auf das Leben durch ein, zwei, drei Tage, wo der Mensch sein ganzes Leben überschaut, so ähnlich, wie ich das gestern für die Imagination, die erste Stufe des übersinnlichen Erkennens, beschrieben habe. Es tritt das nach dem Tode unter allen Umständen ein, dass der Mensch also zurücksieht auf sein verflossenes Erdenleben. Aber während das ganze Meer der Gedanken, die er schlafend und wachend zwischen der Geburt und dem Tode durchgemacht hat, da ist, während diese in den ersten drei Tagen nach dem Tode daliegen wie ein Meer von ineinanderwebenden Gedanken, nimmt der Kosmos diese Gedanken sogleich danach in Anspruch. Sie lösen sich auf, und nach zwei bis drei Tagen ist die ganze Rückschau in den Kosmos verflogen. Wir sagen, der Ätherleib hat sich auch getrennt. In Wahrheit hat der Kosmos den Ätherleib aufgenommen, aufgesogen. Er hat sich immer mehr und mehr vergrößert, bis er endlich ganz in den Kosmos aufgegangen ist. Da werden wir dann wiederum als Ich und Astralisches aufgenommen in den Schoß der höheren Hierarchien. Und erst wenn wir wiederum einen Ätherleib bekommen, können wir zum Erdenleben heruntersteigen, können wir die Arbeit an uns zum freien Menschen fortsetzen. Denn das Erdenleben hat als Ziel, den Menschen zum freien Menschen zu machen. Das kann ihm auf Erden geschenkt werden, was im reinen Denken als Grundlage zur Freiheit liegt. Deshalb bleibt aber auch der Ätherleib durch das ganze Erdenleben mit dem physischen Leibe verbunden, das heißt, löst sich mit dem Tode auf in Welten, wo die Freiheit nicht erlernt wird. Die wird während des Erdenlebens erlernt; Sie wissen ja, auch nur während gewisser Epochen des Erdenlebens.

So können wir einsehen, dass die Freiheit durchaus in richtiger Verbindung mit dem Karma steht, denn die Freiheit hat zu tun mit dem, was im Bette liegen bleibt, was mit uns auch während des Schlafes verbunden ist, was sich nicht trennt von uns. Das Karma wird gewoben von dem Ich zwischen Einschlafen und Aufwachen. Das Karma wird gewoben abseits von dem im Menschen, worin die Freiheit liegt. Das Karma webt auch nicht an den freien oder unfreien Gedanken, das Karma webt an Gemüt und Willen. Da kommt aus den Tiefen der Menschennatur heraus, aus dem träumenden Gemüt und dem schlafenden Willen, das Karma herauf. In dieses können wir hineingießen, das heißt, dem entgegenstellen dasjenige, was in der Freiheit der Gedanken, im reinen Denken, in den ethischen, moralischen Impulsen lebt, wie ich sie beschrieben habe in der *Philosophie der Freiheit*; diese müssen im reinen Denken liegen.

So schließt sich wirklich alles zusammen. Und das wäre so notwendig, dass man immer mehr und mehr darauf aufmerksam würde, wie, je weiter man in der Anthroposophie vorrückt, desto mehr sich alle Einzelheiten zusammenschließen. Natürlich, wenn jemand herankommt an irgendetwas, was dieses oder jenes Gebiet darstellt, kann er Widerspruch über Widerspruch finden. Das ist gar nicht anders möglich, weil man, um einzusehen, dass es so ist, wie es auf einem einzelnen Gebiete dargestellt wird, doch eben das eine Gebiet im Zusammenhange mit dem Ganzen betrachten muss. Sonst urteilt man so wie einer, der über einen einzelnen Planeten urteilt und nicht begreifen kann, warum sich der so oder so bewegt: man muss das ganze Planetensystem beachten. Und so muss man auch, will man etwas wissen über Welt und Leben, den Zusammenhang, die physischen, seelischen und geistigen Tatsachen und die Einzelheiten der Tatsachenwelten versuchen zu überschauen.

Das wollte ich Ihnen heute, wo sich die Möglichkeit gegeben hat, dass wir auch wieder im Zweige zusammensein konnten, auseinandersetzen. Ich wollte damit etwas beitragen dazu, dass Sie die Stimmung empfinden, die der Mensch dem Karma, das heißt der Weltgerechtigkeit gegenüber entwickeln kann, wenn er in der richtigen Weise sich einlebt in die Anthroposophie. Denn auf die Empfindungen kommt es an, die wir ins Leben hinübertragen, nicht auf das bloße Einsehen des

Theoretischen. Möge es Ihnen wirklich immer mehr und mehr gelingen, dasjenige, was Ihnen die Anthroposophie gibt, nicht bloß zum Gedankeninhalt, sondern zum Seeleninhalt oder, wie man richtig sagt, zum Herzensinhalt zu machen. Und je mehr es gelingt, dass Anthroposophie Herzensinhalt derjenigen ist, die sie verstehen wollen, desto mehr wird es auch gelingen, Anthroposophie immer mehr in das allgemeine Kultur- und Geistesleben einzuführen. Und das brauchen wir gar sehr, sonst wird die Menschheit mit den alten Traditionen, mit den alten Dingen nicht vorwärtskommen können. Versuchen Sie, immer mehr und mehr den Weg der Anthroposophie vom Kopf zum Herzen zu finden. In Ihren Herzen wird Anthroposophie gut geborgen sein.

Anmerkungen

1 Gerhard Gramm, *Der deutsche Idealismus*. Eine Einführung in die Philosophie von Fichte, Hegel und Schelling, Stuttgart 1997.
2 Rudolf Steiner, *Wahrspruchworte*. GA Bibl.-Nr. 40, 7. Auflage, Dornach 1991. In der 8. überarbeiteten Auflage 1998 ist dieser Spruch nicht mehr enthalten. Eine erweiterte, wohl ursprüngliche Fassung dieses an den einzelnen Tagen der Woche zu meditierenden Spruches ist in dem Band *Seelenübungen I. Übungen mit Wort- und Sinnbild-Meditationen zur methodischen Entwicklung höherer Erkenntniskräfte*, 1904-1924, GA Bibl.-Nr. 267 enthalten.
3 *Was wollte das Goetheanum und was soll die Anthroposophie?*, Bern, 5. April 1923, unveröffentlicht. Siehe den Parallelvortrag, Basel, 9. April 1923, im gleichnamigen Band, GA Bibl.-Nr. 84.
4 Siehe insbesondere *Die Mission einzelner Volksseelen im Zusammenhange mit der germanisch-nordischen Mythologie*, GA Bibl.-Nr. 121; *Anthroposophie als Kosmosophie*, GA Bibl.-Nr. 207; *Die Impulsierung des weltgeschichtlichen Geschehens durch geistige Mächte*, GA Bibl.-Nr. 222.
5 Siehe insbesondere *Die Offenbarungen des Karma*, GA Bibl.-Nr. 120; *Wiederverkörperung und Karma und ihre Bedeutung für die Kultur der Gegenwart*, GA Bibl.-Nr. 135.
6 Mit Jupiter ist hier eine zukünftige Entwicklungsstufe der Erde gemeint. Näheres hierzu beschreibt Steiner in seinem Buch *Die Geheimwissenschaft im Umriss*, GA Bibl.-Nr. 13.

Rudolf Steiner Impulse
Werde ein Mensch mit Initiative
12 Wege zum Schöpferischen im Menschen

Grundlagen
1. Werde ein Mensch mit Initiative
2. Idee und Wirklichkeit
3. Der positive und der negative Mensch
4. Anthroposophie als persönlicher Lebensweg

Ressourcen
5. Die Kunst des Wartens
6. Okkulte Wissenschaft und Einweihung
7. Freiheit und Liebe
8. Wirken mit den Engeln

Perspektiven
9. Zwei Wege zu Christus
10. Spirituelle Erkenntnis als wirkliche Kommunion
11. Erwachen am anderen Menschen
12. Die große Karma-Übung